让孩子弯道超车的学习法

王志艳◎著

天津出版传媒集团

天津科学技术出版社

图书在版编目（CIP）数据

让孩子弯道超车的学习法 / 王志艳著. -- 天津 ：
天津科学技术出版社，2024. 10. -- ISBN 978-7-5742
-2374-5

Ⅰ. G622.46

中国国家版本馆CIP数据核字第20243UF372号

让孩子弯道超车的学习法

RANG HAIZI WANDAO CHAOCHE DE XUEXIFA

责任编辑：李晓琳

出　　版：天津出版传媒集团
　　　　　天津科学技术出版社

地　　址：天津市西康路35号

邮　　编：300051

电　　话：（022）23332695

网　　址：www.tjkjcbs.com.cn

发　　行：新华书店经销

印　　刷：水印书香（唐山）印刷有限公司

开本 670×950　1/16　印张10　字数 110 000

2024年10月第1版第1次印刷

定价：46.00元

前言

　　作为家长，你是否为孩子的学习成绩担心过？你有没有羡慕过那些学习成绩优秀的孩子？

　　反过来再看一下自己的孩子：学习好像也很努力，可为什么就是不出成绩？每天抱着课本在背，可为什么一检查还是记不住？坐在桌前写作业，几个小时过去了，作业为什么还写不完？制订好的学习计划，为什么孩子总是完不成？……

　　一个重要的原因，就在于孩子没有掌握有效的学习方法。尤其是那些面临升学压力的学生，缺少科学的学习方法，即使在学习上花费了很多时间和精力，也很难看到学习成果。

　　对于那些学习认真而成绩一直没有提高，或者提高效果不明显，渴望突破学习瓶颈的孩子来说，掌握科学的、适合自己的学习方法，并按部就班地实施，就有机会突破自己，让自己在学习的道路上成功实现"弯道超车"。

《让孩子弯道超车的学习法》一书，通过列举孩子在学习过程中遇到的各种问题，并进行深度解析，将学习的原理和具体的学习方法相结合，有针对性地为孩子提供了一系列具体而行之有效的学习方法，重点帮助孩子提升在学习中所需要的各项能力，如专注力、记忆力、时间管理能力、思维力等，同时也针对孩子面临的具体学习问题，如课堂问题、阅读问题、考试问题等，为孩子答疑解惑，既能帮助孩子找到学习的乐趣，又能有效提升学习效率。

与此同时，这本书也可以用于家长辅导孩子学习，可以从中找到孩子在学习中所遇问题的解决方案。无论孩子的资质如何，帮助孩子掌握并运用这些方法，都可以让孩子这辆"车"摆脱低效努力，行驶到正确的学习道路上，不断提升学习能力，提高学习效率。

目录

第 1 章 **掌握方法，学习才能弯道超车**

第2章 提升专注力与思维能力，告别低效勤奋

第3章 善用记忆法，快速掌握知识点

第4章　学会管理时间，让学习事半功倍

第5章　高效阅读，快速"读以致用"

掌握方法，
学习才能弯道超车

巧用课本目录，把书读"薄"

看起来厚厚的课本，其实只要掌握了目录脉络，学起来就会变得简单很多，甚至整本书的知识点都能记在孩子的大脑之中。

在很多孩子和父母的眼中，课本中目录的作用就是为了帮助使用者以最快的方式找到自己需要的某个章节。如果家长和孩子都是这样想的，那就没有充分发挥目录的作用。其实，除了明确课文的标题及其位置，一页小小的目录还将整本书的内容串联起来，使知识点结构化，不仅具有导读的作用，还能提高复习的效率。

因此，**善用课本目录，既能帮助孩子梳理知识，使知识系统化，让课本越学越"薄"，还能促使孩子在复习过程中充分发挥主观能动性，增强自主意识，培养学习能力。**

如何使用课本目录，把书读"薄"？

1. 根据目录回顾课本内容

在学习过程中，我们可以让孩子利用课余或周末时间，通过翻阅课本目录，回顾所学章节的基本知识，比如语文课本中每一课的重点字词、重点句子、课文内容、中心思想等。

同时，孩子还可以一边回忆，一边把重点知识写在笔记本或草稿纸上，以便加深印象。如果有遗忘，孩子可以翻看课本，并重点复习一下。

2. 将目录内容问题化

这种方法就是对课本目录进行加工细化，让目录的内容转化为现成的问题。比如，七年级数学上册课本的目录，根据第一章第一节的标题"正数和负数"，可以提出"正数和负数的定义分别是什么？""正数和负数应该如何表示？"等。以此类推，其他科目中各章节的内容也可以这样细化为具体的问题来学习。

在学习或复习时，孩子只要解决了这些问题，就基本掌握了这一课的主要内容。

3. 尝试默写目录及内容

学完一本书后，我们要鼓励孩子默写目录以及对应的主要内容，然后再把课本中的知识梗概整理出来，尤其是重点、难点或易混淆的知识，可作为日后复习的资料。

需要注意的是，默写目录并不是机械地写出目录标题，要让孩子加上自己的归纳、整理及总结。当然，我们也可以让孩子用思维导图的形式把目录画出来，并在上面补充每一节的重点知识，以此加深理解与记忆。

听课张弛有度，有效提高听课质量

听课时，不必时刻集中注意力，只要抓住重点、难点和关键处认真听讲，保持注意力有张有弛，听课效率就不会低。

一分钟解析

通常情况下，人的注意力只能持续十几分钟。这也就是说，如果要求孩子在一节课的 45 分钟内一直保持注意力集中的状态，并且一字不漏地把老师的话都记下来，是一件非常难的事。

其实，孩子这样听课既不可能，也没必要。听课确实要认真，但认真不等于一直保持一个状态听课，而是要讲究方式方法。当听到老师讲解重点、难点、疑点时，孩子需要保持专注，其他时候可以适当放松一下。这样张弛有度地听课，才能保持更高效的听课质量。

弯道超车方法速递

引导孩子遵循下面的听课方法。

1. 关注老师讲课的开头

老师讲课的开头几句话，往往是概括上一节课的内容，并引出本节的新课题，属于新旧知识联系的关键部分；或者是对即将开始的新课内容的总体介绍，也是整堂课所讲内容的提纲。所以，这时孩子一定要集中注意力听讲，还可以将老师所讲的内容大致归纳一下，列出提纲，为后面的听课思路理出一条线索。

2. 适当让大脑放松一下

当老师所讲的内容进入正题后，孩子可以一边跟随老师的思路听讲，一边展开自己的思维，积极思考问题。当老师讲到自己不懂的内容时，要专心地听；而讲到自己已经弄懂的内容时，可以适当让大脑放松一下，但课后要对照提纲，及时梳理老师讲课的内容。

3. 密切追踪课程结尾部分

老师讲课快结束时，孩子必须密切追踪老师所讲的每一句话。因为老师的结束语往往是对本堂课重点、难点的总结。有时快下课了，课没讲完，老师会直接讲解余下知识的重点，这时孩子必须集中精神听讲，做好课堂笔记。如果有必要的话，课后要再整理一下笔记，以便日后复习时使用。

敢于提问，把点头变成"？"

　　善于发现问题、提出问题，并将问题消灭在课堂上，是锻炼思维能力，提高学习成绩的有效手段。

一分钟解析

其实，孩子不愿在课堂上提出问题和疑惑，一方面是孩子自身内向、胆怯，不敢向老师提问；另一方面是孩子对学习没兴趣，对知识没有求知欲和思考能力，也就没有问题需要向老师请教；还有一方面是孩子曾经因提问受到过老师的批评，或老师比较严肃，导致孩子惧怕老师，有问题也不敢提了。

除此之外，就是孩子的从众心理。如果大部分学生在上课时都呈现无言、听懂的状态，那么有问题的学生担心自己会被认为是爱出风头，或是不够聪明，从而放弃提问。

孩子有疑问不敢提出，结果问题积少成多，影响了知识的掌握。所以，我们要鼓励孩子善于发现问题、思考问题，敢于合理地质疑已有的结论和答案。

弯道超车方法速递

孩子在上课时注意下面三个问题。

1. 少附和，多提问

很多孩子在听课时都会不时地点头附和老师，其实这并不是有效的学习方法，我们应该引导孩子把点头变成"？"，凡事都喜欢问"为什么"，而不是回答"我听懂了"。只有带着问题认真思考或请教老师，孩子才能及时解开自己的疑惑。

2. 提问要以积极思考为前提

孩子善于提问固然是个好习惯，但提问也要以积极思考为前提。有些孩子遇到问题，自己不肯思考，直接就问同学、老师和家长，这种"懒思而多问"的习惯是不可取的。

有些问题通过查看课本、笔记等，再认真思考后，是可以理解或得出正确结论的。哪怕在得出结论后，找老师核实也不失为一个好方法。这样不但能锻炼孩子的思维能力和解题技巧，还能让孩子养成独立解决问题的习惯。

3. 敢于质疑老师的讲解

大多数孩子都认为老师在课上所讲的内容都是正确的，哪怕身边有人质疑，孩子也会用"老师在课上就是这样讲的"辩解。

其实，老师讲解的内容也可能有出错或不完全对的地方，一些解题方法也不见得是最简便、最有技巧的，要鼓励孩子敢于质疑老师的讲解。

巧记课堂笔记，不做老师的"书记员"

记笔记并不是要一字不漏地将老师的板书内容记录下来，而是要学会科学、合理地记好课堂笔记。

记笔记并不是让孩子做老师的"书记员"。一味地记录老师的话语、誊抄老师的板书，导致孩子错过或忽视了老师对重点知识的讲解和分析，甚至放弃了对知识的思考，以为自己没听见或没听懂不要紧，可以课后认真看笔记。

孩子过分依赖笔记，不仅会让自己对知识的理解肤浅，增加学习负担，学习效率反而降低，从而形成恶性循环。

由此可见，上课认真听讲才是主要任务，记笔记只是上课的辅助方式，而且课堂笔记不但要会记，还要科学合理地记。

如何科学合理地记课堂笔记？

1. 记知识框架

上课的时间有限，建议孩子以听讲为主，可以记下老师所讲内容的纲要，主要包括内容的标题和层次，并在每一层次记下重点和细节，使知识体系一目了然，课后再对笔记进行补充。这样不仅能提高课堂学习效率，也能锻炼听课能力。

2. 记讲解思路

在日常学习中，老师会对所讲的概念、结论、公式、定律等知识，以及具体习题进行讲解、推导。记讲解思路，有助于孩子更好地掌握知识，并予以应用。

3. 记重难点和易错点

记笔记时，孩子需要对笔记的内容进行划分，将老师所讲知识中的重点、难点和易错点，尤其是老师多次强调的内容，用不同颜色的笔标注出来，以便时刻提醒孩子注意。

4. 记补充内容

孩子需要把书本上没有的、老师补充的内容记下来，这些内容往往是重要的考点。有一些老师在教学过程中经常会提到的课外补充知识或经典例题等，孩子也要记录下来。

5. 记总结和思考

孩子最好在每一节知识点后进行总结，梳理出已学知识和方法的内在联系，形成知识体系，条理清晰，有助于孩子更好地掌握知识。

用正确方式做题，做高效"刷题者"

习题并不是做得越多越好。只有选择有代表性、针对性的习题，才能最大限度地发挥出习题的辅助作用。

其实，孩子做习题，并不是做得越多越好。孩子一时间面对大量、多类型的题目，往往会眼花缭乱，找不到重点，最后反而达不到预期的效果。而且，大量且无重点的习题会耗费孩子过多的时间和精力。这样的学习模式不仅会让孩子一直处于疲惫状态，无法专注，而且思维也会逐渐混乱，进而导致学习效率低下。

除此之外，无意义的机械性刷题会严重打击孩子自主学习的积极性，同时还会让孩子对学习产生厌倦情绪，甚至产生厌学的情绪和行为。长此以往，这对孩子的身心健康发展会造成非常严重的影响，比如：没有食欲、失眠、喘不上气等。**只有掌握正确的"刷题"方法，孩子才能将习题的作用有效发挥出来。**

正确"刷题"方法可以分为以下两步。

1. 先删除，后做题

在拿到习题集后，先让孩子快速浏览一遍，删掉那些过于简单、过于冗杂、没有意义的内容和习题，初步减轻一些不必要的负担，然后再快速做一遍未删掉的习题。在做题时，可以让孩子把过难的习题暂且留下不做。

2. 先解题，后思考

孩子快速做完一遍习题后，过几天再翻看一遍习题集，然后再把做错的题目和第一次没有做出来的难题认认真真地做一遍。

如果这一次还有做不出来的难题、偏题，同样暂时放下，等有时间再拿出来慢慢思考，寻找解题方法。当然，可以让孩子和老师、同学一起商量讨论。但是，这个过程不要让孩子浪费太多时间，因为如果一本习题集上的难题、偏题太多，那这本习题集也不适合孩子花太多时间去做。

正确利用辅导资料，对学习查漏补缺

辅导资料就像孩子的私人学习导师，是可以有效使用的，但一定要有选择性地使用。

进入高年级后，不少孩子开始热衷于购买各种参考书和辅导资料，希望这些学习资料能对自己的学习有所帮助。

但是，我们一定要有选择性地使用辅导资料。**合适的辅导资料其实是对孩子所学课本内容的补充，可以帮助孩子把握课本中的重点和难点，提高分析问题和解决问题的能力。**辅导资料一旦脱离课本内容，就难以起到查缺补漏的作用，结果只会白白浪费孩子的学习时间。

如何选择有效的辅导资料？

1. 辅导资料要紧贴课本内容

在选择辅导资料时，我们一定要让孩子先了解资料的主要内容。好用的辅导资料会紧紧围绕课本内容展开，在突出课本内容的重点、难点的同时，还会对其中的疑难点进行深入阐述和分析，并有配套的典型练习题，与课本中的知识点相互呼应，便于孩子在使用时更好地理解和掌握课本内容。

2. 辅导资料上最好有知识解析

辅导资料应选先有讲解，再有附加习题、答案及解析的。孩子可以通过这些题目找到解答这类问题的方法和经验。如果孩子的基础知识比较扎实，一般只要了解解题思路和基本步骤，同类题目就能顺利解答出来。

当然，如果孩子遇到不会或存疑的题目，一定要主动请教老师或同学。

3. 只选当前需要的辅导资料

在选择辅导资料前，最好先让孩子评估一下自己的学习情况，再根据实际情况选择相应的辅导资料。比如，初三上学期，孩子通常要进行系统复习，这时可以找一些偏重知识归纳的辅导资料，帮助孩子掌握知识结构。

除此之外，孩子也可以向老师请教，问问老师哪些学习资料比较适合自己。老师一般会根据孩子的实际学习情况，为孩子推荐相应的辅导资料，这样的资料也更适合孩子使用。

课后复习，做好归纳总结

　　课后复习中，归纳总结不仅仅是对知识的深入理解和思考，也可以巩固记忆，减缓知识的遗忘速度。

人的记忆力是有遗忘规律的，学过的知识如果不及时复习的话，经过一段时间就会忘记。而且就算老师在课堂上讲得很仔细，也不是每个孩子都能百分之百地理解和掌握，所以听课后及时复习就变得非常重要。

复习离不开对知识的总结，尤其是孩子进入高年级后，每天所学知识增多，这时只有**善于总结已经学过的知识，寻找各种知识之间的联系**，才能提高学习的灵活性和综合运用各类知识的能力。

课后如何复习？

1. 通过归纳让知识网络化

孩子将自己所有学过的知识进行系统归纳，比如：将课本中容易与空气中的气体、水等发生化学反应的药品进行归纳整理。

这是一种非常重要且有效的复习方法，不但能增强孩子对这些知识的记忆，还能将各类知识网络化，便于比较和理解。而且，孩子在新旧知识间建立的联系越多，就越容易巩固旧知识、记住新知识，在运用时也更加得心应手。

2. 通过总结寻找规律

孩子对各类知识进行归纳之后，可以从中总结一些普遍性的规律。

比如，孩子通过分析太平洋、印度洋和大西洋这三大洋的洋流系统，再根据三大洋的分布和成因等，可总结出：第一，每个大洋都有完整的洋流系统；第二，在中、低纬度海区，每个环流系统的东部都是寒流，西部都是暖流；第三，除印度洋北部之外，各洋流在北半球热带、副热带海区呈顺时针方向运动，而南半球则呈逆时针方向运动。

通过这样的总结，孩子既了解了洋流系统的共同特点，又找到了它们之间的差异点，复习效果也会更好。

要注意的是，在对课堂所学知识进行归纳总结时，我们一定要尽可能地让孩子独立完成，不要帮孩子整理，也不要让孩子去抄写别人归纳好的内容，否则就失去了复习的意义，孩子在真正使用时也难以灵活运用。

第 2 章

提升专注力与思维能力，告别低效勤奋

学习走神儿，这个"魔咒"怎么破

专注力是可以培养和训练的。只要找对方法，就能帮助孩子提升专注力，也能让孩子把更多的心思放到学习上。

孩子总是学一会儿就走神儿，主要是因为孩子的专注力差，而专注力又是孩子学习中不可或缺的一种能力。一个专注力强的孩子，在学习时才有可能做到又快又好。但如果孩子从小就缺乏专注力，家长又没有及时想办法帮助孩子提升，就会让这种缺乏专注力的状态持续下去，可能伴其一生。

要提升孩子的专注力，只有用孩子喜欢的事慢慢引导，根据孩子的实际状况来慢慢训练，才能逐渐提升孩子的专注力，帮助孩子打破学习"走神儿"这个魔咒。

如何让孩子将更多心思放在学习上？

1. 对孩子多一些耐心

成长是一个缓慢的过程，每个孩子都有自己的成长节奏。我们要尽量尊重孩子，跟上他的成长节奏，多给孩子一些耐心，并适时地给予孩子一些引导。

有时候，孩子看起来漫不经心，其实他可能正在练习用自己的方法解决问题。这时我们不要不停地催促孩子，而是给孩子一些时间和指引，毕竟专注力的提升是个循序渐进的过程。

2. 不要强化孩子的弱点

我们经常唠叨和指责自己的孩子，但是这不仅不能起到提醒、激励孩子的作用，反而会让孩子形成错误的观念，"我就是个专注力差的孩子"……

要避免这种情况发生，我们就要改变自己的态度，尽量弱化孩子专注力差这一点，不断强化他的优点。比如，当孩子画画或做手工，我们就说："你画得多专心啊！"孩子接触的是积极、正面信息，学习也会慢慢变得耐心起来。

3. 用孩子喜欢做的事锻炼专注力

每个孩子都有自己喜欢做的事，比如，阅读、玩拼图、搭积木、做手工等，我们就可以从这些事情开始，有意识地引导孩子集中注意力，逐渐延长孩子专注于某件事的时间。这期间，我们要适当地给予孩子表扬和肯定，激发孩子的好胜心，让孩子在下一次做事时更加专注。

"三要素"缺一不可，让孩子学会专注

兴趣、鼓励和成就感，会让孩子在学习过程中产生愉悦的心情，进而促使他们更加专注学习，产生良性循环。

其实，孩子在学习过程中无法专注，主要有以下三方面原因。

第一，孩子对学习没有兴趣，无法对学习保持热情。兴趣在孩子的学习中扮演着重要角色，只有当孩子对自己所学内容感兴趣时，他们才会主动且专注地去探索、思考、完成。

第二，孩子没有在学习上得到足够的鼓励。外界的鼓励对孩子有导向和激励作用，即使没有取得好的成绩，孩子也有了继续认真学习的动力，进而更加专注于学习。

第三，孩子没有在学习上得到成就感。当孩子在学习上取得一定成绩的时候，他的心里会产生一种愉悦的心情，这种正向情绪会促使孩子更加专注于所学内容，从而形成良性循环。

所以，**让孩子在学习时更加专注、用心，兴趣、鼓励与成就这三个要素缺一不可。**

如何利用兴趣、鼓励与成就，提升专注力？

1. 有兴趣，才有持续探索的欲望

有些孩子对学习缺乏兴趣，这就需要家长通过引导和培养，帮助孩子找到学习的兴趣点。比如，孩子不喜欢写作，我们可以尝试先让孩子"说作文"，并录制下来。当孩子完成后，家长再对孩子适当表扬和鼓励，孩子就会更有动力"说作文"了，这就达到了主动、专注学习的效果。

2. 不要吝惜对孩子的鼓励

孩子在某些时候，或在学习某科时，只要稍微有点儿进步，你就多鼓励他，比如："我发现你写的字越来越工整了，继续加油！""只要跟上老师的讲课节奏，就能掌握好课堂内容。"有了家长的鼓励，孩子就有了持续学习的动力，也会慢慢提升专注力。

3. 帮助孩子在学习中获得成就感

孩子在学习时没有那么专注，或者犯了一些错误，我们尽量不要斥责孩子，或者试图用比较的方式刺激孩子，这会伤害孩子的自尊心和自信心。孩子在学习中需要获得正向、积极的反馈，这种反馈可以给他们带来成就感，也能促使他们继续投入学习当中。

"鹦鹉学舌"，专注"捕捉"信息

通过不断重复和模仿特定的内容，如词语、句子、文章等，逐渐增加难度，可以加强记忆，锻炼注意力。

很多孩子因为好奇心强，注意力总是难以保持集中。而"鹦鹉学舌"，顾名思义就是让孩子像小鹦鹉一样，通过认真阅读或倾听后，再用自己的话或文字重复出来。这种方法看似简单，其实对提高孩子的专注力和记忆力非常有帮助。因为**孩子想要顺利复述出来，就必须在倾听和阅读时十分专注**，这时他的眼睛、耳朵、大脑等都在不断地"捕捉"信息。

不过，想让孩子通过"鹦鹉学舌"的方法来锻炼专注力，最好提前跟孩子沟通好，看看孩子一开始想复述多少内容。不要直接拿出一大篇文章就让孩子复述，那会让孩子产生抗拒心理。最好让孩子选择自己感兴趣的内容，孩子往往更容易集中注意力在上面。

"鹦鹉学舌"的步骤如下。

1. 先从较短的句子开始复述

为了让孩子能专心复述，一开始可以让孩子选择比较短的句子，并且最好是孩子感兴趣的内容，如孩子喜欢的诗歌、小故事等，开始先让孩子听，听完后马上复述。

第一遍复述时，孩子可能复述得不够准确，这也没关系，只要能复述出大意即可。我们要多给孩子一些鼓励，帮孩子增加信心，让孩子更有动力继续练习。坚持下来，就一定能看到效果。

2. 鼓励孩子复述不太感兴趣的知识

随着孩子复述能力的不断提高，孩子的专注力也会逐渐增强。我们就可以让孩子试着复述一些他不太感兴趣的知识，并鼓励他慢慢增加复述内容的长度和难度。

在让孩子复述这些他不太感兴趣的内容时，也是先让孩子从复述短句开始，比如，先尝试复述一些简短的科普小知识、短篇新闻等。我们可以先让孩子自己读，孩子想要顺利复述出来，就必须非常专注地阅读。等读熟后，再让孩子练习"学舌"复述。

当然，**不论复述的情况如何，家长要及时给予鼓励、肯定和表扬，这样会让孩子更有动力挑战自己，不断提升自己的专注力。**

立体转换法，锻炼孩子的思维能力

立体转换法不仅能帮助孩子养成主动思考的习惯，还能有效地锻炼他们的思维能力，从多个角度进行分析和思考问题。

一分钟解析

很多孩子在学习中遇到问题都喜欢第一时间到网络上直接搜索答案，不愿意自己动脑思考。这就导致孩子的思维能力越来越差。

锻炼孩子的思维能力，有一个比较有效的方法，叫作立体转换法。它是先设定一个题目，然后提供两种答案，由自己先提出一种想法，之后再对自己的这个想法进行反驳。通过反复与自己的想法进行对话和讨论，锻炼自己对问题的思考能力。

这种方法其实就是一种简单的辩论活动，要想驳倒对方，自己就要开动脑筋，积极思考，寻找能够反驳对方的点。

弯道超车方法速递

如何使用"立体转换法"锻炼孩子的思维能力？

1. **让孩子自己与自己辩论**

我们可以就某个问题让孩子先确定一个想法或观点，比如："授人以鱼不如授人以渔"，并且让孩子举出相应的例子来证明这个观点。孩子举出的例子越全面、具体，说明孩子对这个问题进行了深入思考。

接着，再让孩子就之前的观点提出反对观点，如"授人以鱼也很重要"或者"授人以渔不如授人以鱼"，同时也要让孩子举出例子努力证明这个观点。

这样周而复始地不断自己提出观点，再自己反驳之前提出的观点，对锻炼孩子的思维能力大有帮助。

2. 与孩子进行辩论

为了提高孩子的学习积极性，我们也可以与孩子就某个问题进行一场辩论，可以让孩子先提出一个问题，如"学习中努力比聪明更重要"，并让孩子尽可能地举出各种论据来证明自己观点的正确性；而我们作为"反方"，可以用"学习中聪明比努力更重要"作为自己的观点，与孩子进行辩论。

在这个过程中，如果孩子难以举出有说服力的证据，或者直接耍赖，我们也不要怪孩子，因为这同样也能锻炼孩子的思维。当然，如果可能的话，我们也可以适当往回拉一拉孩子的思维。

养成这种思维习惯后，孩子在以后的学习中遇到任何问题，就可以从多个角度进行分析和思考。

"5W2H"分析法，让孩子全面思考

"5W2H"分析法能够帮助孩子学会从不同角度理解问题，培养其独立思考的习惯，引导孩子全面探究问题。

一分钟解析

阅读理解和作文，是很多孩子语文学习中的一大难关，理解稍有偏差，解答或写作的方向就会完全不同。

之所以出现这种情况，一是因为孩子并没有完全理解文章。现阶段的阅读理解文章越来越长，难度也越来越大，孩子通常只是快速阅读，只理解了表面信息，未深入并探究。二是因为孩子没有掌握正确的阅读方法，导致理解有误，答题也总是错过关键点。

所以，我们可以教孩子学会"5W2H"分析思考法，通过回答七个关键问题来帮助全面理解文章、思考和解决问题。

弯道超车方法速递

"5W2H"分析思考法，又叫七问分析法，主要是由7个英文单词组成。这7个单词中有5个是以"W"开头的单词，另外2个是以"H"开头的单词，它们分别对应如下。

◎ What（是什么）：比如，文章讲的是一件什么事情？目的是什么？重点是什么？谈及了什么内容？这些内容分别是什么？与什么有关系？……

◎ Who（是谁）：比如，文章讲的是谁的故事？文章的主人公是谁？涉及的人物有哪些？文中谈及的事情都是谁做的？……

◎ Why（为什么）：比如，为什么主人公要这样做？为什么其他人会这样做？为什么事情会发展成这样？为什么这件事非做不可？……

◎ When（什么时间）：比如，这件事的时间顺序是什么？这件事发生在什么时间？处理这件事用了多久？这件事需要什么时候完成？……

◎ Where（什么地点）：比如，这件事是在什么地点发生的？故事中的人物都是在哪里相遇的？文中人物在哪里居住？在哪里工作？……

◎ How（怎么样，或者如何做）：比如，这件事主人公是怎么做的？其他人是怎么做的？……

◎ How much（做多少，或者做到什么程度）：比如，这件事做到了一个什么程度？需要做到什么程度？结果如何？……

故事训练法，调动想象思维

故事训练法通过引导孩子进入不同的情境和角色，激发他们的想象力和创造力，同时锻炼他们的理解能力和表达能力。

一分钟解析

很多孩子在背诵古诗文、现代文等内容时，就只会死记硬背，花费很长时间才背下来，可是没多久就忘了。

这其实是孩子逻辑思维能力较差的表现，而导致孩子逻辑思维能力差的原因有很多，最主要的就是父母过度的关爱剥夺了孩子的思考权利，以及科技的高速发展让孩子懒于思考。

所以，**父母在孩子小的时候，就要有意培养他们的想象力、思维能力、逻辑推理能力等**。故事训练法，是一种适合所有年龄段孩子的有趣的锻炼思维能力的方法。同时，好的故事不仅蕴含着积极向上的正能量，还可以教给孩子为人处世的道理。

弯道超车方法速递

以下是故事训练法的几种方式。

1. 轮流讲

父母先讲一个故事，然后让孩子再讲一个故事，比一比谁讲得更生动，锻炼孩子的表达能力。

需要注意的是，只要孩子讲得不错，父母要及时给予鼓励和夸奖，提高孩子的自信心。

2. 接着讲

父母可以先讲一段故事，然后让孩子按照自己的思路接着讲下去。当然，父母也可以先假设几种结局，引导孩子打开思路，拓展想象的空间。

3. 多复述

一个故事可以让孩子多讲几遍，讲完后可简要给孩子分析故事情节和人物，教孩子学故事中的对话，在父母的启发和帮助下，让孩子复述整个故事内容。

4. 设定条件

父母可以在讲故事过程中，设定一些特定的条件，比如上学下雨了，没带雨伞怎么办；大人不在家突然起火时该如何办等等，以调动孩子的想象，锻炼其扩展性思维能力。

5. 作评议

当父母给孩子讲完故事后，可以让孩子根据故事内容，对故事中人物的行动、品质等作出评议，这样可以培养孩子是非判断的能力。

6. 常表演

孩子有表现欲，父母可以引导孩子一起通过对话、动作和表情来再现故事。让孩子在表演中学习，收效也大。

掌握学习的金字塔原理

利用金字塔原理学习，既能提升孩子的思维能力和分析解决问题的能力，也能大大提高学习效率。

其实，这样的孩子是陷入了低效勤奋的陷阱。它的主要表现就是孩子花了很多时间和精力在学习上，但效率很低，学习成绩一直上不去。

要帮助孩子提高学习效率，我们可以了解一下美国缅因州的国家训练实验室所得出的金字塔原理：从塔尖到塔底分为七层，从上到下分别为听讲、阅读、视听、演示、讨论、实践、教授给他人并将这七层划分为被动学习和主动学习。

根据金字塔原理，被动学习与主动学习包括以下方式。

1. 被动学习：听讲、阅读、视听和示范

处于塔尖的第一种学习方式是听讲，这是最常用的学习方式之一，但它的学习效果是最低的。大约两周后，所学知识的平均留存率只有5%。

第二种学习方式是阅读，它的知识留存率在10%左右，比听讲的学习效率高。

第三种学习方式是视听，通过声音、图片、视频等方式来学习，知识留存率在 20% 左右。

第四种学习方式是演示，即采用演示、示范的学习方式。它的知识留存率在 30% 左右。

2. 主动学习：讨论、实践和教授给他人

讨论一般包括小组讨论、师生讨论等方式。这个过程可以很好地锻炼孩子的思维，提高孩子分析、解决问题的能力。知识留存率可达到 50% 左右。

实践一般包括练习、实验等，通过实际演练的方式学习，再应用于实际场合。这种动脑又动手的方式，可以使知识的留存率达到 75% 左右。

教授他人就是把自己所学的知识、内容等教授给其他人，直到对方弄懂为止。这种学习方式的知识的留存率就能达到 90% 左右，学习效率是相当高了。

第 3 章

善用记忆法，
快速掌握知识点

掌握遗忘规律，让记忆更深刻

按照遗忘规律复习所学知识，可以让记忆更加持久、深刻，也可以在掌握旧知识的基础上不断学习新知识。

孩子记忆力差，不是因为孩子不够努力、不够认真、脑子天生就笨，而是因为孩子没有掌握遗忘的规律与记忆的方法。

我们学习一个新知识后，如果不尽快复习，很快就开始遗忘。**想要减少遗忘，就要在"特定"的时间内重复温习，这也是著名的艾宾浩斯遗忘曲线。**

依据遗忘规律，孩子可以按照下面的方法学习。

1. 在遗忘还没开始时进行复习

采用"先密后疏"的记忆方式，即分别在学完后的第1、2、4、7、14、28天进行复习。

如果今天记了10个单词，其复习的时间间隔就是：明天复习（第1天），后天复习（第2天）；再间隔1天后复习（即第4天）；再间隔2天后复习（即第7天）；再间隔6天后复习（即第14天）；再间隔13天后复习（即第28天）。

2. 把握好学习节奏，不要超负荷学习

超负荷学习只会让人感到疲倦，进而导致学习兴趣下降，甚至对学习产生排斥心理。所以，在复习和记忆时，比如背诵课文，只要孩子能背诵完成即可，后期及时复习就可以了。

3. 根据自身学习特点，找到自己的艾宾浩斯遗忘曲线

艾宾浩斯遗忘曲线是一个具有共性的规律，但每个人的学习习惯和生活规律不同，可能导致记忆习惯、记忆规律、遗忘规律等不同。我们可以让孩子根据自身的特点，找到属于自己的艾宾浩斯遗忘曲线，总结出属于自己的记忆规律，然后采取适合自己的记忆方法来进行记忆。

康奈尔"5R"笔记法，将记忆内容模块化

康奈尔"5R"笔记法不仅能帮助孩子在记笔记时将内容模块化、知识系统化，还可以让孩子利用笔记快速记忆、高效复习。

现阶段，孩子的学业压力越来越大，需要记忆的知识与日俱增，大脑长期处于一个高负荷的工作状态，导致孩子身心俱疲，记忆力直线下降。

俗话说"好记性不如赖笔头"，记忆固然重要，但一味地强硬记忆只会适得其反，所以我们需要巧妙地利用康奈尔"5R"笔记法，将**所学内容模块化**，将知识系统化，引导、辅助孩子进行记忆，同时可以让孩子学会记笔记和利用笔记快速记忆、高效复习。

康奈尔"5R"笔记法就是将笔记分为三个部分，分别为线索栏、笔记栏和总结栏，如下图。

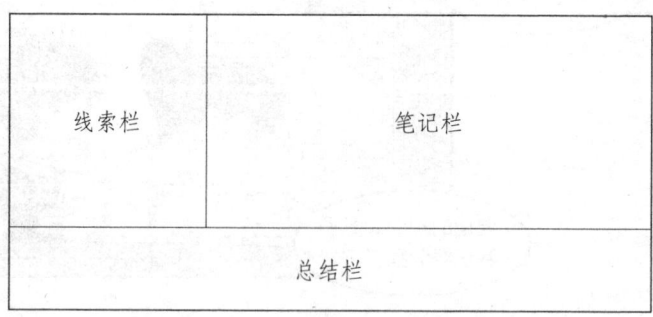

线索栏	笔记栏
总结栏	

具体分为以下五个步骤。

1. 记录

笔记栏是主栏，用于记录一些重点内容，如公式、概念、定理等，可以让孩子用自己能理解的符号、简洁的文字等做记录，也可以用不同颜色的记号笔区分内容。

2. 简化

写完一篇笔记后，要让孩子尽快抽时间简化所学的内容。可以用简练、概括的语言归纳笔记栏的内容，然后记录在左侧的线索栏当中。

3. 背诵

遮住笔记栏，让孩子根据线索栏回顾、背诵笔记栏中的内容。如果有些知识点回忆不起来，可以打开笔记栏看一下，再次复习。

4. 思考

让孩子将自己的学习经验、体会、规划等内容，逐条写在总结栏中，也可以写需要注意的问题。复习时，孩子可以重点关注这些问题，着重加强复习。

5. 复习

定期复习翻看，加深记忆。在复习时，提醒孩子先看线索栏，回忆主要知识。如果孩子想不起来，再看内容栏。如果还是想不起来，就让孩子打开课本，找出这部分内容再次认真复习。

多感官刺激，增强记忆效果

多感官刺激记忆法可以促使孩子集中精力，更专注于眼前的知识，学习和记忆的效果远高于单一感官的知识输入。

一分钟解析

其实，孩童时期的神经系统尚未发育成熟，孩子的记忆力会有一定的限制与不足。当然，不同孩子理解和记忆的速度也有较大差异，比如在同样的情景下听老师讲课，有些孩子一听就理解和记忆得差不多，可以迅速上手做题；有些孩子明显要更慢一些，他们需要更多的时间和精力去理解和记忆。

我们可以采用多感官刺激记忆法，就是**同时动用自己的多种器官，如视觉、听觉、嗅觉等**，一起进行记忆，"全方位"地攻克知识，这样对知识的接收和记忆效果就会更好。

弯道超车方法速递

多感官刺激记忆法分为以下三个步骤。

1. 大声朗读要记忆的内容

在朗读过程中，孩子不但需要集中精力熟悉内容，还需要将自己带入文章，这样有助于更好地记忆和理解文章内容。同时，为了增加孩子学习的积极性，我们也可以和孩子一起大声朗读，并与孩子讨论，促使孩子思考文章内容，加深孩子对内容的记忆效果。

2. 让孩子把需要记忆的内容讲出来

在讲述过程中，孩子不但对内容更加熟悉，也可以发现自己尚未掌握的内容。为了让孩子更乐于接受这种学习方式，家长也可以扮成"学生"，让孩子当"小老师"，给"学生"讲课，有助于孩子深入探究和思考所学内容，使记忆更加深刻。

3. 鼓励孩子充分发挥自己的想象力

孩子在记忆时，我们可以**鼓励孩子展开想象力，对要记忆的内容进行合理想象**。这样既能启发孩子的想象力和思维能力，还可以大大增强孩子对这些内容的记忆效果。

除此之外，我们还可以让孩子在学习时调动嗅觉和味觉感官。比如，在背诵"chocolate（巧克力）"这个单词时，可以让孩子吃一小块巧克力，边嚼边记。这样一来，当孩子再次吃到巧克力的时候，就会回忆起这个单词；或者在看到、书写"chocolate"这个单词的时候，也能想起当时吃巧克力时的味道。这些方法都可以帮助孩子增强记忆效果，提升对知识的掌握程度。

联想记忆，让孩子发挥想象

联想记忆法可以通过建立关联，让孩子要记忆内容更加具象、更易理解，从而有助于孩子更好地记住知识。

一分钟解析

这一情况频繁出现主要源于孩子的记忆方式单一。他们通常只会采用死记硬背的方式去学习知识。这种学习方式不仅没有办法让孩子深入理解知识点，而且会让孩子觉得学习枯燥乏味，缺乏动力，进而导致孩子对知识记忆不深刻、有偏差，甚至完全记不住。

提高记忆力离不开联想，在记忆过程中，如果孩子能充分发挥自己的联想能力，把要记忆的内容联想成自己喜欢或熟悉的事物，就能起到很好的记忆效果。

弯道超车方法速递

联想记忆的具体方法如下。

1. 绘图联想记忆

相对于枯燥的数字和文字，**大脑更喜欢生动有趣的图画**。比如背诵"山外青山楼外楼，西湖歌舞几时休"时，可以让孩子在纸上画几座山和几栋楼，再画一个"湖"作为西湖，旁边画几个跳舞的人；在背诵后两句"暖风熏得游人醉，直把杭州作汴州"时，在纸上画一个人正被微风吹拂，同时在图上标出"杭州""汴州"的字样。

2. 对比联想记忆

这种记忆法主要是通过对比事物之间的特征和差异来进行记忆。比如，在背诵"大漠孤烟直，长河落日圆"时，可以将"大漠"与"长河"对比，将"孤烟"与"落日"对比，将"直"与"圆"对比。在背诵时，让孩子通过一个词联想到另一个对比词，很容易地就能整首诗背诵下来。

3. 相似联想记忆

把两种具有相似性的事物联想起来记忆。比如，背"beast"时，单词的发音像是"毙死它"，中文意思为"野兽"。这时，我们可以让孩子联想一下：见了"野兽"就要"毙死它"。利用这种方法记忆单词，其实就是让孩子根据单词的发音来判断含义，由此轻松地记下它们的中文意思。

分类记忆，让孩子系统学习

分类记忆法即将知识分门别类地整理，帮助孩子更有条理地记忆知识点，提高记忆效率。

到了高年级后，孩子需要记忆的知识更多、更繁杂。虽然孩子能把所学的知识死记硬背下来，但是他们往往在作业、考试这样的实际应用上力不从心，学过的知识，到关键时刻就不会用。

在这种情况下，家长可以引导孩子尝试一下分类记忆法，就是**将各种要记忆的知识分门别类，按照同类相属、异类相别的原则，把知识进行分科、分类、分项记忆**。这就好比先把一些材料放入一个个记忆的盒子中，再按照各自的类别来记忆一样。

分类记忆法主要包括以下两个步骤。

1. 分析整理需要记忆的内容

如果孩子需要记忆的内容比较多，我们可以让孩子先将要记忆的内容进行分析整理，从中找出它们共性，然后再归类、组合，使这些内容形成不同的记忆组织，以达到提高记忆效率的目的。

比如，孩子要记住下面这些英语单词：

cake（蛋糕）、television（电视）、refrigerator（冰箱）、rice（米饭）、

pen（钢笔）、trousers（裤子）、pea（豌豆）、strawberry（草莓）skirt（裙子）、book（课本）、rubber（橡皮）。

如果孩子直接记忆，要记住全部会比较费时间。相反，如果孩子仔细分析就会发现，这些单词可以进行分为食物、家电、文具和服装四大类。这样分类后再记忆，就能既省时方便，又记得牢固。

2. 以专题或列表形式分类记忆

在对要记忆的内容进行分析整理后，可以让孩子在此基础上，以专题或列表的形式进行记忆，比如时间、事件等不同的专题。这样的方式既能让要记忆的内容在脑海中更有条理地呈现出来，又能将很长的内容分成不同的组块进行记忆。

同时，我们也可以让孩子以列表的形式对所记内容进行分类。比如，在学有关三角形知识时，就可以列出三角公式系列表；学化学元素时，可以列出化学元素系列表；学物理知识时，可以列出物理规律系列表……这一过程就是**抓特征、找联系、分类归纳**，有助于加强记忆，而且更容易引发孩子的联想，增强记忆。

费曼学习法，应用中加深理解

费曼学习法即让孩子以教授他人的方式学习，以增强他们对知识的理解和记忆，锻炼表达能力。

一分钟解析

其实，很多孩子都有这样的通病：明明知识已经理解了，学到了，但是就是记不住如何使用这些知识。这一情况频繁出现的主要原因是孩子没有真正地理解所学知识，所以我们要引导孩子利用费曼学习法，将自己所学的知识，用简明易懂的方式解释或教授给别人，从而加深自己对知识的理解。在这个过程中，孩子要认真学习、理解这些知识，无形之中，增强了孩子对知识的记忆，学习效率也大大提升。

弯道超车方法速递

费曼学习法的操作流程可以简化为以下四步。

1. **确定目标**

孩子要把一些知识教授给别人，并让别人可以听懂、理解，自己首先要学会、理解并掌握这些知识，然后才有可能用简洁明了的语言讲给别人听。

2. **模拟教学**

让孩子自己当"老师"。在上课前，让孩子先把学过的知识复述一下。如果复述时发现有些知识点还不太熟练,就要返回去继续学习。这一步是可循环的。直到孩子感到满意后,再尝试用简单精练的语言进行复述。熟练复述后,孩子就可以把知识讲给对方听。

如果孩子能清楚地把知识讲出来,而对方也听懂并理解了,那就说明孩子已经理解和掌握了这些知识点。

3. 回顾反思

有些时候,即使孩子在自己复述时已经很熟练了,正式讲解时也可能会突然卡壳,或者自己讲了半天,对方没听明白。这时可以让孩子暂时停下,找到自己在哪些知识点上没讲清楚,或是对方在哪些地方没听懂,然后返回去重新进行有针对性的学习。

4. 简化语言

经过上一步的反思后,让孩子再次将语言条理化、简洁化,再次进行复述练习,然后再次给别人讲解这部分知识,直到对方完全听懂为止。

思维导图，有效构建知识框架

思维导图可以帮助孩子有效构建知识框架，将所学过的知识一点一点地串成串，连成网。

在学习每个知识点的时候，很多孩子都只专注于对当前知识点的理解和应用，从而忽视了每个知识点之间的联系，甚至大范围的知识点关系网。所以，孩子在学习期间，可以利用思维导图来提高学习效率，同时提升归纳总结能力、思维能力、记忆能力等。

思维导图是一种将思维进行可视化的实用工具，主要利用线条、图形、文字、符号、色彩等，把各类知识点进行串联、发散、聚合，再以图解的形式和网状的结构存储、组织、优化和输出信息，帮助孩子把大脑所思考的内容和过程有重点、有逻辑地呈现出来。

具体来说，绘制思维导图主要分为下面几步。

1. 找出中心主题

每一幅思维导图都有一个明确的中心主题，是用来帮助我们聚焦思考的，是思考的出发点。中心主题是思维导图的核心和标题，可以是一些关键字，或者表达核心意思的字或词等。从这个主题出发，我们就能引导孩子发散思维，继续绘制主题的分支。

2. 构建导图结构

思维导图采用的是一种很典型的从中心向四周延展的思考方式，如下图所示。它可以帮助孩子将信息清晰地分类、分层，让思路变得更有条理，让理解和记忆都变得更加容易。

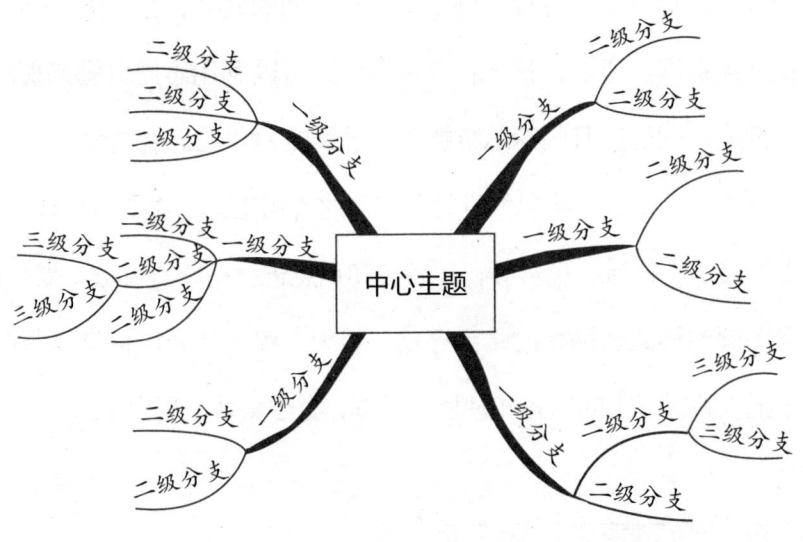

3. 写出关键词

在不同的分支上写下对应的关键词。这些关键词一定要简短、精练。通过提炼关键词，既可以帮助孩子快速抓住信息的核心，提高孩子的归纳、总结能力，还能让孩子从被动地接收信息变为主动地分析和思考信息。

4. 插入图像和颜色

如果孩子喜欢，也可以在思维导图中插入一些图像和颜色，既能增强导图的形象感，还能刺激孩子的大脑，强化大脑对事物的感受。

第 4 章

学会管理时间，
让学习事半功倍

长短计划相结合，合理安排学习

　　学习要有计划，只有采用长短计划相结合的方法，才能建立清晰的学习目标和方向，逐步提高学习效率。

一分钟解析

其实，这些想法是不对的。无论是低年级还是高年级的孩子，制订学习计划都非常重要。如果孩子缺乏统筹安排，学习没有一定计划，就会陷入一种杂乱无章的学习状态中，不但浪费大量的时间，还达不到预期的学习效果。

一份科学合理的学习计划，必须结合自身的实际学习水平，并且通过相应的努力还能达到学习目标才行。

弯道超车方法速递

如何制订学习计划？

1. 学习计划需要统筹安排

第一，学习计划的重点应放在上课和在家自学的时间上，同时还要兼顾集体活动、娱乐、体育锻炼、做家务等时间，这样才能促进孩子的全面发展。

第二，学习计划尽可能让孩子自己制订，父母可以作为参与者，协助孩子制订更加科学、更加适合自己的学习计划，切忌自作主张。

2. 学习计划需要长短结合

学习计划是长计划与短安排相结合的。通常来说，长期的学习计划以一个学期为时限，可以让孩子以大纲的形式列出来，不必太详细，防止中间出现变化；短期安排一般以一周或几天为期限，也可以不用太详细，只要孩子在心里有计划就行。

3. 鼓励孩子认真执行学习计划

在制订完后，我们要叮嘱孩子认真完成。在这个过程中，如果孩子遇到了问题和困难，我们要适当帮助孩子解决问题、克服困难，并鼓励孩子坚持执行学习计划。

与此同时，我们要让孩子根据自己的学习情况随时调整计划。如果孩子年龄小，我们也可以引导孩子调整计划，并帮助孩子及时发现学习中的问题。

当然，在这期间，我们也要充分考虑孩子的学习习惯和生活方式，一定要让计划适合孩子的个人性格、爱好、能力和学习状态，并将决定权交给孩子，不要强行加入自己的想法和希望。这样一来，孩子才会比较自觉，认为这是自己对家长的承诺，是自己自愿完成的，执行计划的效果也会更好。

"ABC" 分析法，懂得 "要事第一"

如果孩子能掌握 "ABC" 分析法，不但能很好地规划自己的学习时间，还能避免一味地以自己的喜好来学习，或根本不知从何下手。

之所以如此，是因为孩子缺乏科学的学习规划，不懂得如何管理和规划自己的学习时间，结果时间浪费了很多，学习效率却越来越低。

"ABC"分析法，也叫"ABC时间管理法"，是以事件的重要程度为依据，**将需要处理的事项按照由重要到次要的顺序划分为A、B、C三个等级，然后按照事件的重要等级依据来完成任务。**这一方法能有效防止孩子因学习任务重或作业繁多而陷入混乱的状况，从而使孩子的学习可以有条不紊地进行。

如何运用"ABC"分析法?

1. **让孩子将学习任务划分出级别**

A级学习任务：最重要的学习任务，也是当天必须完成的任务。比如，重要课程的预习或复习、老师留的重要试卷、下午或第二天要上交的作业等。

B级学习任务：不是很重要的学习任务，但也应该在当天完成的。比如，需要简单预习的课文、需要背的英语单词、需要默写的生字等。

C 级学习任务：不重要的学习任务，或是老师不会马上检查的作业，或是自己安排的学习计划。比如，写日记、自己计划要读的书、要写的读书笔记等。

2. 让孩子为各级学习任务分配时间

对于孩子来说，A 级学习任务是最重要的，也是孩子必须全力以赴完成的，但这并不是说孩子一定要最先完成 A 级任务，忽略 B 级、C 级这些不太重要的任务。相反，有时还可以让孩子先完成 B 级、C 级任务，最后再集中精力专攻 A 级任务。

这样可以先让孩子将专注力从外界集中到学习上，然后孩子在做 A 级学习任务的时候就不会再惦记其他学习任务，从而可以将所有注意力都集中在眼前任务上，提高学习效率。

学习四象限法则，成为时间管理达人

不论学习任务有多少，在开始学习之前，如果能把学习任务按照轻重缓急的顺序排列一下，就能做到事半功倍。

在这种情况下，我们可以教孩子使用时间管理方法——四象限法则，将事情按"重要"和"紧急"两个维度进行划分，将事情分为"既紧急又重要""重要但不紧急""紧急但不重要""既不紧急也不重要"四个象限。在执行的时候，要先考虑事情的轻重，再考虑事情的紧急。

如何运用"四象限法则"？

1. 将学习任务分级，设置四象限

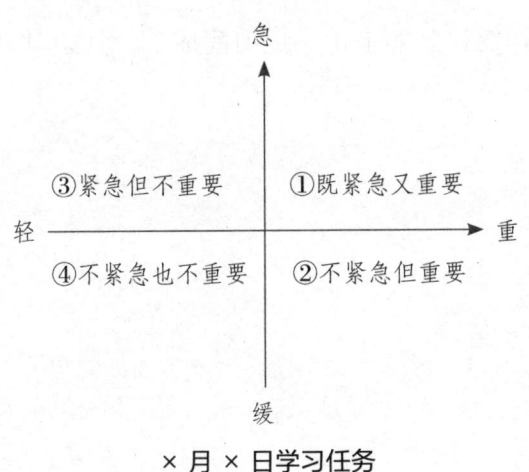

×月×日学习任务

由上图可以看出，孩子应该优先完成"既紧急又重要"的学习任务，这部分任务一般包括第二天必须交的作业、试卷，或者是老师第二天要在课堂上讲解的新内容等；而"不紧急也不重要"的那部分学习任务，一般都是每天常规的学习任务，如课外阅读、练字、写日记等，这项任务可以放到最后去完成。

对于中间位置的"不紧急但重要"和"紧急但不重要"两部分学习任务，我们可以让孩子先完成"不紧急但重要"的任务，然后再完成"紧急但不重要"的任务。

2. 与孩子一起评估时间

在孩子将学习任务排列好后，我们可以跟孩子一起评估一下完成学习任务所需要的时间，提高学习效率。

需要注意的是，孩子一开始可能难以适应这样的时间安排，我们要对孩子多一些耐心，在孩子遇到问题和困难时，适当地为孩子提供帮助和建议。如果孩子提前完成了，其余时间就可以自行安排。

时间拼图法，让孩子充分利用时间

时间拼图法能够帮助孩子更好地掌控学习时间，避免时间浪费，从而提高学习效率。

很多孩子不会合理安排学习的时间，导致学习不仅混乱，而且没有效率。

时间拼图法，也叫拼图时间管理法，可以很好地帮助孩子解决这一问题。它是指用拼图的方式将碎片化的时间系统地拼接在一起，从而有效地提升学习效率。

时间拼图法的具体操作步骤如下。

1. 划分学习任务

每天孩子在学习或写作业之前，我们可以让孩子先捋清自己的学习任务，将学习任务分为"马上做""计划做""选择做"和"减少做"四类。

2. 确定每项学习任务的时间

我们可以让孩子评估一下，自己完成每一项学习任务大约需要多少时间，然后写在每项任务的旁边。这样孩子在学习时，心里就会比较有数，也能比较专注于眼前的任务，让学习效率更高。

3. 划分时间，安排学习任务

根据自己的实际情况，把一天中的时间划分为不等的时间段。

其中，将一天中的大块时间用来完成每天固定的、需要"马上做"的事情；将相对固定的碎片化时间固化，充分利用起来，用来完成"计划做"和"选择做"的事情；其他零碎的时间用来放松休息，完成"减少做"的事情。

需要注意的是，**不要让孩子把任务填得太满，要留出适当的"机动时间"**，以便应对可能的突发事件。

用时间拼图法做好计划后，提醒孩子把计划贴在墙上或书桌上，每天利用它管理自己的学习时间，让自己有条不紊地完成各项学习任务。

学会分解学习目标，逐个击破

将大的学习目标分解为一个个小目标来完成，既能降低学习压力，又能节省时间，学习也会更加高效。

成功是一个化整为零的过程，不是一蹴而就的。在孩子学习过程中，我们要帮助孩子制订学习目标，但是在实现目标过程中，我们可以借鉴游戏设计的思路，**将孩子学习的大目标分解为一个个小目标，然后鼓励孩子逐个击破，最后实现总目标。**

当然，帮孩子把大目标分解成小目标是需要技巧的，否则就会浪费更多的时间，使原本很快完成的目标因分配不当而被拖延。

分解大目标的技巧如下。

1. 分解的目标要先难后易

一些孩子在学习或写作业时，喜欢先完成简单的，再去啃难题。可是，人的意志力不仅是有限的，而且只有在开始时是最充足的。如果先将最充足的意志力放在最简单的任务上，等再去啃难题时，就已经啃不动了。

比如，让孩子在自己大脑最清醒、最活跃时，做自己最不喜欢科目的习题，中间穿插自己最喜欢科目的习题，这样既能帮助大脑放松，又能完成学习任务，最后再做一般科目的习题。

2. 规定完成小目标的时间

孩子在完成小目标时，我们可以让孩子为每个小目标设定一定的时间，这样可以让孩子在这段时间内专注于这个小目标，一步步地去完成。完成一个小目标后，再进入下一个小目标。

比如，孩子背诵一整篇课文有压力时，可以分两次或三次来背，一次背一段，每次用 10 分钟或 20 分钟。

3. 灵活地利用时间

在孩子学习期间，完成一个个小目标比一下子要完成一个大目标容易得多，也可以完成得很快。不过，我们也可以让孩子自己灵活地安排学习任务，让时间的统筹安排更智慧一些。

比如，既需要背单词，也需要背课文时，我们可以将单词和课文同时分解成几部分，背完一部分单词，再背一部分课文，这样孩子也不会因为一直完成一项学习任务而感到枯燥。

巧用"番茄钟"，有效管理学习时间

在学习过程中，利用"番茄钟"学习法，尤其对于专注力不高、缺乏时间观念的孩子来说，可以提升专注力和学习效率。

一分钟解析

孩子缺乏时间管理能力，不仅是因为孩子自身对时间的关注度不够，还有父母对孩子时间管理重要性的认识没有转化为具体行为。

"番茄钟"学习法是将学习时间分成几块，以 25 分钟为一个"番茄钟"。每个番茄钟结束后，有 5 分钟的休息时间；每完成四个番茄钟后，有 15~30 分钟的休息时间。这一方法能帮助孩子有效管理学习时间。

弯道超车方法速递

"番茄学习法"的具体步骤如下。

1. 做好准备工作

根据当天作业的重要程度列出如下表格，以数学为例。

数学作业	预计番茄钟	执行番茄钟	打断次数
1.熟记当天课本中所学的公式	2		
2.完成老师板书的三道计算题	1		

（续表）

数学作业	预计番茄钟	执行番茄钟	打断次数
3. 完成课后的两道应用题	2		
计划外事件			

要注意的是，"预计番茄钟"要根据孩子的年龄、学习状态等时间情况，预估完成的时间。而且，"番茄钟"不能分割，如果孩子的学习任务过于简单，不够一个番茄钟，也可以将几项简单的学习任务合并起来一起写。

2. **执行番茄钟**

设定好"番茄时间"后，让孩子从最重要的学习任务开始，并开启计时器，引导孩子全神贯注地投入到当下的学习任务中。

闹钟响起后，让孩子休息 5 分钟，同时要**及时表扬**，激励孩子完成下一个"番茄时间"。

3. **正确处理打断次数**

遇到这种情况时，哪怕闹钟还差一分钟就响起了，也要立即将当前的"番茄时间"作废，然后在"打断次数"的表格中标上被打断的次数，并在"计划外事件"表格中标注出来。

当然，不能在"执行番茄钟"下做记号，要等"计划外事件"处理完后，再重新启动一个新的番茄钟。

"SMART" 学习法，保持学习动力

孩子在学习时只有有了清晰的目标，即方向感，并朝着目标不断努力，这样才能提升学习效率，从学习中获得成就感和满足感。

很多孩子不知道学习的真正目的，没有清晰的学习目标或目标设定过于模糊，无法为自己的学习提供方向和动力，容易感到迷茫和无目的，想学习但不知道从哪里开始。

"SMART"学习法可以帮助孩子学会制订学习目标和计划，分析各种知识，从而让孩子为完成目标而保持动力，避免拖延，不断提升学习效率，从学习中获得成就感和满足感，继而形成良性循环，不断努力。

"SMART"包括以下五个步骤。

1. 设立的目标要明确具体

我们要帮孩子制订一个不难达到的目标，且目标越具体、越明确越好，这样获得的结果也更清晰、明确。比如，现在的数学成绩在85分左右，争取在期末将成绩提升到90分。

2. 目标具有可量化性

所谓可量化性，就是有具体的数量标准。比如，期末数学成绩要提高 5 分，这个"5 分"就是可量化数字，是用考试分数来衡量孩子的目标完成情况。

3. 目标可以通过努力达成

我们为孩子订立的目标或计划，孩子通过努力可以达成的，这才是有效目标，否则就属于无效目标，对孩子的学习不仅没有帮助，反而会给孩子造成压力。

4. 该目标要与孩子的大目标有相关性

相关性是指当下的目标要与其他目标或计划具有关联性。简而言之，实现这个目标可以对其他学习目标或计划产生正面影响。比如，孩子的思维能力较差，我们在帮助孩子实现当下小目标的同时，也是在帮助孩子提升思维能力这个大目标。

5. 为目标设定时间限制

让孩子为自己的每个小目标都设定一个完成的期限，增加紧迫感，"迫使"孩子主动学习、主动思考。一个个小目标的完成，意味着孩子越来越接近大目标，学习也会更有积极性，实现弯道超车也更易成为可能。

第 5 章

高效阅读，
快速"读以致用"

错误的阅读方法，让孩子事倍功半

错误的阅读方法会导致孩子在吸收知识时事倍功半，甚至对学习产生厌倦心理，所以家长和孩子要尽量避免。

一分钟解析

"多阅读，多积累"的确能帮助孩子提高学习成绩，但也要满足一个前提条件，就是**孩子必须有正确的阅读方法和阅读习惯**。

有些孩子虽然花费大量的时间阅读，也积极参加各种阅读活动，而阅读效果不佳，往往是因为他们的阅读方法不对，或者是阅读习惯不好。

弯道超车方法速递

避免让孩子使用以下的阅读方法。

1. 只会输入，不会输出

学校的老师经常会给学生推荐一些课外阅读书目，要求孩子回家读，但这类阅读书目后面一般都没有练习题。孩子在阅读时就容易三心二意，甚至想读哪里就读哪里，阅读也不连贯。这样的阅读就属于只有输入而无法输出，自然也看不到什么效果。

2. 摘抄文中的好词好句

这种阅读方式会导致孩子在阅读时过分关注文章中的好词好句，而忽略阅读的重点，对文章内容的关注和理解降低。读完一篇文章后，孩子可能完全没弄懂里面说的是什么，只抄下来一大堆好词好句，在具体运用时也不知道该怎么用才好。

3. 阅读过于粗略

因为不同的书籍、不同的文章，其整体结构、写作方式、写作特点等也都是不同的，如果孩子没有仔细阅读，只是粗略地读一遍，根本无法深入领会内容和各种知识点。这样不但浪费时间，还容易让孩子养成不好的阅读习惯。

4. 太注重记读书笔记

读书笔记是可以记的，但关键在于怎么记。比较合适的方式就是在阅读时直接把笔记记录在书页的空白处上，这样一来，孩子不但加深了阅读理解，日后复习时，也能回想起书中有哪些重点内容，一些疑惑点也能随之解开。

以上几种阅读方法，对于孩子的阅读来说弊大于利，在引导孩子阅读时，父母应该尽量避免。同时，父母还要帮助孩子找到适合他们的阅读方法和窍门，以便提高孩子的阅读能力，丰富孩子的知识积累。

"SQ3R"阅读法，带着问题去学习

鼓励孩子带着问题阅读，不仅可以帮助孩子更好地理解和掌握文章内容，还可以提升记忆和分析能力。

一分钟解析

这说明孩子对这篇文章或这本书只是"看"了，却没有让其中的知识进入他的大脑，或者说孩子没有掌握其中的内容。这时，我们就可以借助"SQ3R"法来帮助孩子进行深入阅读。

"SQ3R"阅读法也叫五步阅读法，是由美国教育心理学家弗朗西斯·罗宾逊提出的。这种方法的"大概念"就是"**带着问题去学习**"。

弯道超车方法速递

"SQ3R"阅读法包括以下五个步骤。

1. 浏览

在阅读一篇文章或一本书之前，我们要先让孩子快速浏览摘要、目录或通读文章，了解其结构、主要内容、大体框架等。这样有助于孩子对整本书或文章有个初步了解，为后面的阅读做准备。

2. 提问

孩子浏览一篇文章后，可以让孩子写下想要了解的问题。这时可以借助每个章节的小标题，或者是"5W2H"法对自己进行提问。

3. 阅读

在阅读时，首先要快速略读，了解全文内容，并标注重点内容；然后精读文中的重点内容，并找出所提问题的答案。

对于一些关键性的数据、论点阐述的内容等，最好让孩子做个记号，便于加深印象或复习。

4. 复述

借助略读和精读时所做的笔记，让孩子复述所提问题的答案。如果孩子发现有些问题答案模糊，可以再让孩子阅读一遍，从中获得比较准确的答案，然后再进行复述。

5. 复习

为了加深对文章内容的理解和记忆，我们还要让孩子定期回顾读书笔记，进行复习。在复习时，可以借助艾宾浩斯遗忘曲线规律，增加对文章内容的记忆力。

学会速读，提炼关键性内容

掌握速读的方法，不但能帮孩子提高在课堂上的学习效率，还能增加课外阅读量，扩大知识面，锻炼孩子敏捷的思维。

孩子阅读很慢，其中会有理解方法和能力的原因，但主要是缺乏正确的快速阅读的方法。

要学会速读，需要孩子将视野放宽，要做到一句话扫描过去，甚至一个段落大致浏览后，大脑就能迅速做出反应，**整合信息，忽略装饰性、修饰作用的内容，提炼出关键性内容。**

怎样才能做到有效速读呢？

1. 删繁就简，整体理解文章内容

（1）关注情节，略过描写。

这种方法适合阅读写人、叙事类的文章。孩子在阅读时，要把握住人物与事件的发生、发展、高潮、结局，对全文内容有基本的理解。

（2）关注论点，略去论证。

这种方法适合阅读议论性的书籍或文章。孩子在阅读时，略去那些有关论证的内容，直接寻找文中的主要观点，就能很快把握文章所讲的内容了。

（3）关注抒情，略过写景。

这种方法适合以抒情为主的散文。这类文章中抒情议论类的语句往往是文章中心，所以在引导孩子速读时，我们就可以让孩子对这些内容进行重点阅读，忽略掉那些写景的内容，就能领会到文章大意。

（4）关注中心，略过一般。

一般的文章都会有重点段落，或者中心句。孩子在速读时，要注意抓住这一内容，对于其他一般性的内容可以粗读。

2. 利用"路标"，提高阅读速度

引导孩子利用文章中的各种"路标"来进行有目的的阅读。以下是常见"路标"。

"和""与""同""跟""以及"等，表示前后句子的内容是并列、同类或依次排列的。

"可是""但是""然而""否则"等，表示作者的表达思路要改变方向了，后面出现的内容与前面是相反的。

"因此""因而""故而""从而""所以"等，表示后面的文字往往会呈现出重要的观点、结论等。

"最后""最终""总之""总而言之""综上所述"等，表示后面的内容是对前文内容的总结、总括或小结。

高效精读，深度理解文章

如果没有深入阅读的基础，孩子阅读时就会缺乏明确的方向，也抓不住重点，所以让孩子学会精读是很有必要的。

一分钟解析

这主要是因为孩子没有掌握正确的精读方法，导致孩子阅读理解文章不到位。对于孩子来说，精读经常会让他们倍感压力，因为精读不仅需要认识和理解其中的字、词、成语，还要对文章有深入的理解和思考，这就需要花费很多的时间和精力。

不过，只要掌握了有效的精读方法，精读也可以变得轻松。比如下面几种方法，我们就可以让孩子用起来。

弯道超车方法速递

以下是几种有效的精读方法。

1. 读书六步法，初步了解内容

读：读内容，了解文章的大体内容。

查：碰到不懂的生字、生词要查字典，及时扫清阅读障碍。

画：边读边画出喜欢的字词、句子、段落。

摘：摘抄文章中的好词好句。

思：读后对文章内容进行思考。

记：背诵文章中精彩片段。

2. 讲给别人听，深入理解内容

我们要引导孩子将所读内容转换为自己的语言，生动地讲述出来。这既能帮助孩子加深对阅读内容的理解，又能锻炼孩子的口语表达能力。

3. 写出读后感，提升写作能力

阅读后，我们要鼓励孩子表达自己的感想、见解等，并引导孩子写读后感，锻炼孩子对书中内容的理解能力和写作能力。

当然，不是每读一本书、一篇文章都要写读后感，我们可以让孩子选择自己喜欢的文章或书籍来写；如果孩子暂时不会写读后感，也可以让孩子用简要的字词记录内容要点，或者抄写自己感觉很好的句子，这也是一种锻炼。

4. 带着问题读，提高做题准确率

这一点与做阅读理解题目的方法差不多。一般来说，孩子在做阅读理解类题目时，我们会引导孩子先看一下文章后面的题目，再带着问题返回去读文章，或者在文章中寻找答案，这样孩子的阅读就会更加高效，做阅读理解题目的准确率也会大大提高。

主题阅读，形成自己的见解

通过围绕特定主题进行阅读，孩子能够了解不同的观点和思想，学会分析和比较信息，进而形成自己的理解和看法。

一分钟解析

　　面对老师和父母布置的众多阅读书目，很多孩子通常还没读就已经陷入了阅读疲惫状态，自然就无法专心理解文章内容。不仅如此，铺天盖地的书目涉及了各种类型，孩子阅读的书籍类型混乱，导致孩子无法形成同类型书籍的正确阅读思维模式，也就无法真正理解其中的深意。

　　我们可以让孩子采用主题阅读法，根据某一主题，选择相关领域的多本书籍进行阅读，通过比较不同书籍的观点、方法和结论，可以更全面地了解该主题，形成自己的见解。

弯道超车方法速递

　　主题阅读法包括以下几个步骤。

　　1. 选定主题

　　主题并没有限制，重要的是要选择孩子感兴趣的主题。如果孩子没有思路，父母也可以为孩子提供一些主题。不过，需要注意一点，选定的主题最好能与孩子当时所学内容相关。

2. 选择相关书籍和文章

选定主题后，根据主题选择适合孩子当下阶段阅读的书籍，可以让老师推荐，也可以根据高质量的信息渠道的推荐或评分选择。当然，一个主题对应选择两三本书或两三篇文章即可，过多只会引起孩子的阅读疲惫感。

3. 整理框架和重要内容

在阅读之后，要及时使用思维导图进行梳理，提取基础框架和核心概念，概括性理解全书，并梳理出与自己所学内容相关的重要内容，以及背后的逻辑。

4. 发现不同观点与相同观点

通过阅读同一主题的不同书籍，可以找出所提到的相同或相似的观点，以及不同的观点，并比较不同书籍的观点、方法和结论，可以更全面地了解该主题。

5. 总结与分享

相同主题下的书籍一本接着一本阅读，有利于彼此的联结，相互深化，建立起牢固的知识体系，并形成自己的见解。

批判性阅读，多角度看问题

让孩子在阅读时学会质疑、分析和评估内容，有助于培养孩子独立思考的能力，建立多角度的世界观。

孩子每天都会接触到大量的阅读材料，而如何从中筛选出真正有价值的信息，提炼出深刻的见解，成了孩子阅读的关键。

在这个过程中，批判性阅读发挥着至关重要的作用。这是培养孩子独立思考能力的一种阅读方法，让孩子带着质疑去阅读，不仅可以锻炼分析问题、评估观点的能力，还能从多个角度去看待同一个问题。

以下是四种批判性阅读的角度。

1. 评估论证的前提和结论

在批判阅读中，首先要对论证的前提和结论进行评估。简单来说，就是判断前提是否真实，是否与结论相关，以及推理过程是否合乎逻辑。如果前提不真实或者推理过程存在缺陷，那么结论的可信度就会受到影响。

2. 寻找反例

反例是指能够证明与论点相反的情况或者事实，这些反例可以用来评估论证的可靠性和有效性。比如，论点：所有的鸟都会飞。反例：鸵鸟不会飞。这说明文章观点不合理。

3. 评估论据的合理性

论据是用来支持论点的证据或者理由，需要判断论据是否真实、相关、充分和可靠。如果论据不合理或者存在缺陷，那么论点的可信度就会受到影响。

4. 寻找偏见和隐藏的假设

偏见是指对某一观点或立场有利的论证，而隐藏的假设是指那些未经证实的、可能影响结论的因素。这些偏见和隐藏的假设可能会影响论证的可信度。

培养孩子自主阅读的习惯

　　阅读是一件让人终身受益的事，不但有利于孩子在学习时弯道超车，还能让孩子开阔视野，拓展思维。

一分钟解析

孩子不愿自主阅读的原因主要有三个方面：一是孩子的识字量低，导致阅读难度大，孩子体会不到阅读的乐趣；二是孩子虽然认识字，但是不能理解所讲内容；三是阅读的书目不是孩子喜欢或感兴趣的内容。

父母若想培养孩子的自主阅读习惯，就要用恰当的方法来引导孩子阅读。

弯道超车方法速递

如何培养孩子独立自主的阅读习惯？

1. 用"润物细无声"的方式引导孩子

这就像培养孩子的阅读兴趣一样，为孩子提供足够丰富的书籍、足够安静的阅读环境等，再通过阅读过程为孩子创造一种"享受阅读"的氛围，比如父母时不时感叹一下"我觉得读书真是一件开心的事""读书真是一件再享受不过的事了"，让孩子对读书逐渐产生兴趣。

2. 在"原则框架"基础上适当放任

所谓"原则框架",首先是读书的内容是有原则的,必须是值得孩子阅读的、有意义的书;其次是孩子阅读的时间要有原则,既不能几分钟就读完,也不能读起来时间太久,引导孩子自己安排阅读时间;最后是孩子阅读的目的要有原则,不能借助阅读来逃避学习,而是真的想要读书。

符合以上三点原则框架,我们就可以给孩子足够的阅读自由,不需要过分关注和监督了。

3. 对孩子有合理的期待与要求

当孩子较长时间没有看书,或者觉得阅读不是很有趣时,父母可以对孩子说:"我想听故事了,你给我讲一个吧。""我很期待你读完这本书后跟我分享一下。"

这样一来,孩子就有了阅读的动力。注意,不要使用类似于"你阅读后,我给你奖励"这样的方式来刺激孩子,这会让孩子为了获得奖励而"被动"阅读。多给予孩子精神上的鼓励和肯定,孩子才更容易从内心去理解和感受阅读。

4. 及时纠正孩子不合适的阅读习惯

孩子在阅读时,可能会出现不好的行为习惯,比如一本书只看了一部分,就丢在一旁不看,去看下一本了。像这些不好的阅读习惯都要及时纠正。

第 6 章

学得好，也要考得好

考前复习"热身"

考前复习是有技巧的，很多同学掌握的知识点并不比其他人少多少，但考试成绩就是比别人低，这不是因为孩子不够聪明，而是因为孩子不了解考前复习的技巧。

对于孩子而言，虽然考试已经成了家常便饭，但是依然有很多孩子不知道在考前该如何高效复习，总是"眉毛胡子一把抓"。

其实，考试前的复习是有技巧的，很多同学掌握的知识点并不比其他人少多少，学习态度也一样认真，可就是考试的成绩比别人低。不是因为孩子不够聪明，也不是因为别人太厉害，而是因为孩子不了解其中的一些复习技巧。

以下是五种考前复习技巧。

1. 回归课本，回归基础

首先，认真复习基础知识、主干知识，对知识点进行梳理；其次，要掌握例题的标准解法和考查的知识点，因为很多考试题都是由例题衍生的。

2. 归类列表法

孩子学到的知识通常是零散的，要想把它真正记牢，就必须理清知识要点，形成完整的知识体系。常用的整理知识的方法是归类列表法，比如把本学期学过的公式进行整理等。

3. 把握重点和难点

对于重点应掌握牢固，反复练习；对于难点，要努力攻破，一方面可以结合教材中的内容进行理解，另一方面可以请教老师和同学。此外，可以把平时作业中出现的错误，再进行一次分析，确保不再犯同样的错误。

4. "过电影"复习法

所谓"过电影"复习法，即每天睡觉前，回忆当天学习的内容，比如，老师讲解的知识点，自己每节课学到了哪些知识，一点一点回忆。如果有些内容回忆不起来，就在第二天再次复习这些知识。

5. 模拟考试

安排至少两次模拟考试，看自己能否在规定时间内完成，以加强考试的时间意识，同时检验一下自己对基本阶段知识的掌握程度。

从容面对考试

只要在考前做好心理建设，孩子的压力就会有所降低，紧张情绪也会得到缓解，继而带着轻松、自信的心态去面对考试。

其实，孩子考试紧张、焦虑的原因有很多，常见的有三种：一是父母或老师对孩子比较严格，有较高的期待；二是有些孩子对自己的要求过高；三是孩子认为这次考试会失利。

考试只是对孩子日常学习的一种测验和考查，只要孩子平时认真学习、认真复习，心平气和地面对考试就行了。

如何引导孩子以正确的心态面对考试？

1. 提醒孩子注意平时的知识积累

对于孩子而言，只要平时认真学习，考出自己的真实水平并不难。我们只需偶尔提醒孩子对知识的积累并及时复习，就能让孩子保持一个比较稳定的成绩。

但是，有些父母对孩子期望过高，不断提醒孩子"一定要考好"，孩子越听越紧张，反而考不出理想的成绩。

所以，我们要根据孩子的实际学习情况，为孩子设定一个可以实现的目标，只要孩子努努力达到这个目标，就要多鼓励、多表扬。

2. 多给孩子安慰和鼓励

面对即将到来的考试，有些孩子往往会感到压力很大，也容易产生畏惧心理。这时，我们不但不能再给孩子压力，还要帮孩子调节情绪，鼓励孩子相信自己。

如果孩子过于焦虑，我们也可以告诉孩子"只要努力了，爸爸妈妈就很高兴"，还可以和孩子一起分析自身的优势，找一找孩子能考出好成绩的理由，帮助孩子增强信心，从容面对考试。

3. 告诉孩子：不以一次成败论英雄

即使是在孩子学习最紧张的时候，也要提醒孩子注意休息，保持轻松愉快的心情。我们可以利用空余时间和孩子一起出去散散步，呼吸一下新鲜空气，帮助孩子放松大脑。

如果孩子仍感到紧张，我们可以告诉孩子："一次考试不算什么，并不能代表一个人的成功和失败，重要的是在学习过程中的努力和成长。"要让孩子知道，成败都只是人生中的一小部分而已，最重要的是坚持和不断进步。

抓住审题诀窍

　　很多孩子在考试时因不会审题或审题不清而丢分，这是非常可惜的。俗话说，磨刀不误砍柴工。考试时会审题，能快速理清题意，抓住解题重点，是考试制胜的前提。

一分钟解析

孩子总在审题上出现各种问题，主要有两方面的原因：一方面是不良的审题习惯，比如，有的孩子做题时只是用眼睛大概浏览了一遍题干，就开始答题；另一方面是思维定式，比如，有的孩子觉得题目很熟悉，就认为是之前做过的，题目都还没有读完，就按照做过的思路解答。

俗话说，磨刀不误砍柴工。考试时**会审题，能快速理清题意，抓住解题重点**，是考试制胜的前提。

弯道超车方法速递

如何做到准确审题？

1. 眼睛看题要专注

审题的大忌就是看错、看漏、看不全题目中的信息。所以，做题时，要求孩子先仔细、全面地看清题目，尤其要留心题中的关键信息，如数字、字母、图表等，然后再从这些信息中提炼出有用的、已知和未知的条件。同时，要让孩子边看边思考、边看边联想，寻找解答题目的思路。

2. 嘴巴读题要认真

眼睛看题的同时，嘴巴也要把题目读出来，这样可以更加全面地领会题目中的信息，也能帮孩子解决看错或漏看题目中信息等问题。在读题的时候，要逐字逐句地读，并从中找出关键字句，寻找解题灵感。

3. 关键信息要标注

标注题目中的关键信息，也是审题的方法之一，尤其是理科，让孩子一边认真看、读，一边标注出题目中的各种信息之间的关系。这样可以让孩子快速理清题目，排除无关信息，提高审题效率和准确度。

4. 大脑思考要快速

通过以上三步，孩子的大脑中就会存入一些解题信息，这时，孩子就要快速动脑，全面、准确地进行思考，分析出解题的思路和方法。

需要注意的是，有些题目看似简单，实则暗藏陷阱，稍一疏忽，就会得出错误的答案。所以，提醒孩子解答完毕后再回头看一下题目，检查是否有遗漏或理解错误的信息，以确保解答准确无误。

答题要"稳中求速"

所谓"欲速则不达"，盲目求快只会遗漏关键信息，而"稳中求速"就成了一种理想的答题策略。

在考试前，我们要提醒孩子，只要孩子能在规定时间内把题目做完，就不要过分追求速度。当然，考试解题也不能太慢，否则可能时间到了，题目还没有做完。最好的办法就是让孩子学会"稳中求速"，既能认真地审题、答题，又能在此基础上踏踏实实地把题目答对，这样才能拿到满意的分数。

如何在考试中"稳中求速"？

1. 浏览全卷，了解考卷情况

每次考试时，老师都会提前几分钟发考卷，我们要提醒孩子这时不要忙着答题，而是先浏览全卷，看看考卷上有多少题目，分值分别是多少，每个题都属于哪种类型，哪些题是自己熟悉的，难易程度如何等。

通过对考卷整体了解，孩子就能估算好每道题的答题时间，避免在一两道题上浪费太多时间，导致考卷答不完。

2. 按先易后难的次序答题

在了解考卷的难易、分值等情况后，孩子就开始答题了，这时要让孩子先答简单的或自己会做的题目。在把简单的和自己有把握的题目答完后，再集中精神去解决难题。

3. 审题要慢，做题要快

有些孩子在答题时经常会把题目看错，比如，将"选出错误的选项"看成是"选出正确的选项"。

所以，我们要提醒孩子，审题时要慢、要细心，找出题目中的关键信息，弄清题目问题，理清思路后，再快速答题。同时，解题步骤要简明扼要，逻辑清晰。

4. 答完后认真检查

如果时间宽裕，一定要让孩子再认真检查一遍考卷，尤其是大题的解题步骤。

在检查时，让孩子先从审题开始，因为如果题目看错了，就算过程是正确的，也是答非所问，拿不到分数。如果检查时发现错误，让孩子冷静修改。如果有些题目把握不大，就尽量不要修改，以免改错。

从容应对"压轴题"

在各类考试中,"压轴题"都是一种挑战,只有保持冷静,并有条不紊地进行思考和解答,才有解答成功的机会。

其实，"压轴题"并非"洪水猛兽"，让孩子靠近不得，主要是因为孩子缺乏解题思路、基础知识不够扎实、无法灵活运用基础知识等。

除此之外，孩子的心态面对考卷中的"压轴题"的心态也很关键，不要过分执着于答对题。面对"压轴题"时，调节好心态，从容应对，掌握必要的解题技巧和解题方法，拿到自己能拿的分数就可以了。

想要解好"压轴题"，我们可以提醒孩子注意以下几个问题。

1. 认真审题，厘清知识点

想要解出"压轴题"，一方面需要孩子有扎实的知识基础，另一方面是审题时认真仔细。

看到题目时，首先要弄清该题的类型，厘清题目中的知识点，分清条件与结论，并寻找题目中的关键语句和关键条件，尤其是隐含条件。然后，分析题目中的条件与结论之间的关系，即从哪个条件能推出什么结论？要结论成立需要哪些条件？条件与结论之间产生联系后，就能找到正确的解题途径。

2. 分析逻辑结构，理清各条件的关系

解"压轴题"时，一定要让孩子注意题目的逻辑结构，弄清各个小题之间的关系是并列的还是递进的，这一点很重要。当然，在一些较难的综合题里，以上两种关系也可能同时出现。

3. 不要盲目猜题和押题

"压轴题"通常都是综合类题目，是有多种综合方式的，如果孩子凭借猜题、押题，偶然拿到了高分，就很容易轻信这偶得的分数，忽略自己在知识上没有暴露出来的问题。一旦以后在其他更重要的考试中出现类型的题目，孩子的知识短板就可能使其陷入被动。

注意，在考前复习阶段，一定要让孩子把主要精力用在夯实基础、总结归纳上，灵活地运用基础知识。毕竟"压轴题"的解题能力不能靠一时一日的努力就能提升，而要靠日积月累的培养和训练。在复习阶段，孩子放弃一些偏题、难题、大题，多做一些中档的基础题和变式题，反而更容易在考试中受益。

考试后复盘三步法

很多孩子在考试结束后忽视一个重要环节——考后复盘。复盘有助于孩子从中吸取教训，从而更有针对性地调整学习策略和方法。

一分钟解析

如果你的孩子也这样，那就浪费了很多复盘的机会。不要小看孩子的每一次考试，在考试结束后，我们如果能与孩子一起对考卷内容进行复盘，让孩子学会总结经验，对提升孩子的学习能力很有帮助。

但是，考试后的复盘并不是简单地看看哪个题目写错了，哪个题目丢了几分，改正过来就行了，只有进行有效复盘，才能帮孩子查漏补缺，并进行针对性练习。

弯道超车方法速递

考试后有效的复盘包括下面三步。

1. 和孩子一起分析错误原因

考卷上的每一道错题，都反映出孩子某个不良的学习习惯或能力短板。通过和孩子分析错题，找出错误产生的原因，再有针对性地改正，才能真正达到复盘效果。

对于审题不清的问题，我们要引导孩子认真阅读题目，将关键信息标记上；对于没有准确理解题意的问题，我们可以引导孩子在题目中标注出关键词；对于缺乏解题思路的问题，可以要求孩子在写作业时写下详细的解题思路和解题步骤，慢慢练习。

2. 将重点题目总结归类

与孩子分析完错题后，准备一个错题本，让孩子将做错的题写在错题本上，并对出错的原因进行分类，最后再把这些题目的正确解法写在错题本上。在下次考试之前，可以让孩子再把错题本上的这些题目复习一遍，以便加深印象。

3. 教孩子学会举一反三

所谓举一反三，就是让孩子再多做一些与错题相似的题目，争取掌握这类题型的解答方法，提升孩子的解题能力。

同时，我们还可以让孩子用复述法把解答题目的思路表达出来。孩子如果能把题目做对，并且能复述清楚，才算是真正掌握了这类题型。

高效利用考卷资源

认真分析考卷，不仅能了解自己在考试中的得失，还能发现学习过程中的盲点和不足，更深入地理解知识点。

这简直就是对学习资源的浪费。那些优秀的学生都很懂得将考卷作为学习资源加以利用，从中寻找自己在学习上的缺点、不足，并且不放过任何一处错误，将它们彻底弄懂，及时弥补学习上的漏洞，甚至还能通过考卷上的情况来为自己制订新的学习计划和目标。

所以，我们不妨引导孩子将考卷分科编号成册，并将其与课本、笔记联系起来，一起作为复习资料来加以利用。

下面是几种高效利用考卷的方法。

1. 将考卷"当成"教科书

我们可以让孩子按照课本内容的顺序，将做过的考卷整理好，编订成册，并一一标好序号。然后，让孩子在每张考卷的开始处写上一段"导语"，主要写这张考卷所考的主要内容，以及与考试相关的知识要点等；在结尾处再写上一段"小结"，总结这次考试的情况，分析自己在某些知识上的缺陷。

孩子每次复习时反复研究经过"改造"后的考卷，往往比复习课本内容更有针对性。

2. 将课本内容"当成"考题

我们不但要引导孩子把每次考试的考卷"当成"成教科书来学习和复习，还可以把教科书中的内容转换为考卷上的试题，让课本与试卷进行"角色互换"。

首先，让孩子认真阅读课本上的内容。阅读一段后，再将一些问题以考题的形式总结出来。接下来，再让孩子将自己提出的问题和参考答案都写在练习本上，这样一来，课本上的内容便被转化为考卷上的考题了。以后真正考试，面对类似的考题时，孩子往往也能顺利地解答出来。

除此之外，孩子课本上每一节或每一章后面的思考题，按照以上方法"改造"后，也都可以成为"考题"，这些考题甚至比课本上的思考题更细致、更全面，也更能锻炼孩子的思维能力和解题能力。这样一来，既加深了孩子对课本上该部分内容的理解和掌握，还提高了自己的学习效率。

第 7 章

合理自我调整，
发挥最佳状态

调整对孩子学习成绩的期望值

　　期望过高会使孩子压力巨大，导致其焦虑、自卑；期望过低会使孩子缺乏动力，无法发挥潜力。所以，调整对孩子学习成绩的期望值是非常重要的。

父母从自己主观愿望出发，对孩子提出期望值，这无异于"揠苗助长"。想要让孩子在学习时有动力，就要让孩子从学习中体会到愉悦感和成就感，这就需要父母**根据孩子的实际情况确定恰当的期望值，让孩子稍微努力就可以达到期望值**，这样孩子才会拥有持续的动力去学习。

因此，父母要学会调整自己对孩子学习的期望值，在以孩子为主的理念下，最大限度地帮助孩子学习和成长。

1. 接受孩子的真实学习水平

我们可以跟老师进行沟通，了解孩子在学校的学习状态、学习成绩等情况。如果孩子的成绩不理想，我们也应该理解和接受孩子的真实水平，然后根据孩子当前的学习状态、能力、兴趣等为孩子制订目标，而不是盲目地制订标准。

我们应该认识到，每个孩子都是独立的个体，能力、兴趣等各不相同，如果给孩子强加过高的期望，反而会给孩子造成不必要的压力，甚至使孩子的自我价值感降低，产生厌学心理。

2. 以孩子为主体制订学习目标

我们不要把自己的想法和目标强行加到孩子的学习目标中，要尊重孩子的意愿，以孩子为中心来制订学习目标。在这个过程中，我们可以耐心引导，或者和孩子一起讨论和设定这些目标，让孩子感觉自己在学习过程中有发言权，而不是直接代替孩子直接做决定。

这样，孩子在学习遇到问题时才能学会自我调整，而不是担心达不到目标被父母责骂，或者令父母失望，增加自己的心理压力。

3. 不要拿孩子与别人家孩子比较

每个孩子都有自己的优点，也都有自己的不足，如果经常拿自家孩子的缺点与别人家孩子优点相比，那对孩子来说是非常不公平的。

我们应该鼓励孩子按照自己的节奏学习，让孩子自己与自己比较，只要一直在进步，就值得肯定和表扬。我们要给孩子传递这样一个信息：成功不仅仅是成绩上的优异，更包括面对困难和挑战时的坚持和努力。

从"要我学"变为"我要学"

只有孩子发自内心地愿意学习、享受学习，他才具有持久的学习力，高效地利用好每一分钟的学习时间。

一分钟解析

这些父母在引导孩子学习时忽略了一个严重问题，就是把孩子的学习当成了自己的事，没有去激发孩子的内驱力。孩子每天处于被动的学习状态，觉得是在为父母学习，或者是为应付父母而学习。

在孩子的学习问题上，父母要做的不是监督者，而是引导者，要用恰当的方法引导孩子从被动学习变为主动学习，让孩子从"要我学"转变为"我要学"。

弯道超车方法速递

如何引导孩子从"要我学"转变为"我要学"？

1. 引导孩子找到学习的乐趣

我们在引导孩子时，可以根据孩子的兴趣、爱好等，通过一些方法让孩子发现学习的乐趣。比如，周末和孩子进行知识竞赛；让孩子当小老师，给父母讲讲课；鼓励孩子和小伙伴组成兴趣小组，一起学习、一起探索，等等。这些都能激发孩子的学习热情。只有让孩子感受到求知之乐，学习才会变得更加主动、积极。

2. 允许孩子用自己喜欢的方式学习

我们应该都有这样的体会：长时间做自己不喜欢的事情时，就会感到压抑、不快乐，甚至越来越讨厌所做的事；相反，如果是做自己喜欢的事，不仅越干越开心，还更容易出成果。

孩子的学习也是如此。每个孩子都有自己喜欢的独特的学习方法，比如，有的孩子喜欢在比较自由的状态下学习，不喜欢墨守成规，需要多一些自由选择的机会，如自己决定学什么、从哪开始等；有的孩子却喜欢按部就班地学习，需要老师或父母告诉他每一步该怎么做。

不管哪种方式，只要是孩子喜欢的、真正适合孩子的方法，孩子学习起来才更专心，也更容易出成绩。

让孩子重燃学习热情

孩子只有掌握了科学、恰当的学习方法，同时在学习中保持积极、乐观、愉悦的心态，才能时刻保持学习的热情。

虽然适度的压力可以在一定程度上促使孩子积极主动地学习，但如果压力过大，孩子就可能因承受不了压力而出现各种情绪问题，如紧张、焦虑、抑郁等，甚至对学习产生厌倦心理。

由此可见，父母平时不但要督促孩子学习，帮助孩子寻找科学的学习方法，还要帮助孩子减轻因学习造成的心理负担，引导孩子合理减压。

孩子只有学会自我调节，从低落的情绪中摆脱出来，才能重燃学习热情，发挥出最好的学习状态。

如何引导孩子学会调节低落情绪，为自己减压呢？

1. 引导孩子学会交替学习

交替学习，就是让孩子在一段时间内轮番学习不同的科目，而不是长时间只在一门科目上用力。

如果孩子长时间学习一门科目，大脑就容易感到疲劳、困倦，心理也容易产生厌倦和抵触情绪。这时，如果孩子还强迫自己继续

141

学习，不但学习状态不好，学习效果还会大打折扣。但如果能停下来休息一会儿，再换另一个学科交替学习，大脑就会再次进入兴奋状态，学习效率也会有所提高。

2. 引导孩子在学习间隙寻找快乐

人的大脑通常会对那些早已司空见惯的事情产生厌倦情绪，当这种情绪产生时，人的注意力就会下降，思维能力也会出现缺陷，学习和工作的效率就会降低。

孩子学习也是这样。如果孩子需要不断地上课、做题、写作业，他们的大脑就会慢慢出现疲劳状态，处理问题的方式也越来越机械。这时，即使为孩子提供超有效的学习方法，孩子的学习效率也难以提高。

这就提醒我们，一旦发现孩子有以上状态出现，一定要及时提醒孩子放松一下，鼓励他们做一些可以让自己开心、快乐、轻松的事情，比如运动、唱歌等。等孩子的大脑获得放松，紧张的情绪得到缓解后再去学习，效率往往会比之前有所提高。

运动是最好的减压方式

在孩子陷入压力和负面情绪时，父母可以多鼓励孩子积极参加一些体育运动，这样有助于消除焦虑，以更好的状态投入学习。

一分钟解析

孩子的压力更多来自学习，主要包括父母和老师对孩子的期待、孩子对自己的期待、同学之间的竞争、课业和考试成绩等方面。

如果孩子感觉学习压力较大，父母不妨**鼓励孩子平时多运动，用运动的方式来减轻压力，缓解情绪**。一方面，运动可以让人放松身心，让孩子从心理上释放压力，达到劳逸结合的效果；另一方面，运动也能帮孩子锻炼身体，增强体质，从生理上缓解学习给孩子的身体造成的压力。

弯道超车方法速递

在运动时，提醒孩子注意下面几点。

1. 选择合适的运动项目

运动项目多种多样，在保障孩子安全和健康的前提下，父母应尽可能尊重孩子自己的意愿，让孩子选择自己喜欢的运动项目。这样的运动项目对孩子来说才是有乐趣、有挑战性，能让孩子身心放松的。

2. 运动锻炼要循序渐进

无论孩子选择哪类运动项目，在运动时都要注意循序渐进，不要突然有太大的运动强度。尤其在孩子年龄较小时，运动强度过大可能会影响孩子身体内重要器官的发育，影响孩子的身体健康。

一般来说，孩子每天的运动时间和运动强度要依据个人情况而定，以自己能够承受，并在运动后感觉身体微微出汗、浑身放松为宜。

3. 提醒孩子运动时保护好自己

父母一定要提醒孩子在运动中保护自己，有些运动项目可能还需要佩戴头盔、护膝等，都要让孩子佩戴好，以免孩子受伤。一旦孩子受伤，不但会伤害身体，还可能会影响孩子的运动积极性，令他们对运动项目产生恐惧，不能继续坚持。

平衡课内学习与课外活动

学习虽然需要努力刻苦，但这不代表孩子要把所有的时间和精力都用在学习上，要学会平衡课内学习与课外活动。

有时成绩不好并不是孩子不够努力、不够刻苦，恰恰是因为孩子太努力了，没有平衡好学习与休息的时间，不会为自己减压，导致学习效率也随之下降。

爱玩原本就是孩子的天性，只是这种天性在孩子上学后逐渐受到了压制。既然学习是不可避免的，那我们就要尽可能地在孩子的课内学习与课外活动之间找到适当的平衡点，让孩子既不影响学习，又能获得一定的放松和娱乐。

如何平衡课内学习与课外活动?

1. 和孩子一起制订学习规划

对于孩子来说，学习和娱乐并非天平的两端，只要我们正确对待和引导，娱乐也能对孩子的学习起到锦上添花的作用。

我们要和孩子一起分析现阶段的课内学习任务和课外活动兴趣点，制订一份合理的规划，既包括学习的时间安排，也包括课外活动的时间安排。

在制订好规划之后，我们和孩子都要遵守约定，说到做到。如果孩子达到了目标，我们要给予鼓励和肯定；如果孩子没能达到目标，那就要与孩子进行沟通，重新调整孩子的学习规划。

2. 理解和接纳孩子的需求与兴趣

每个孩子都有自己独特的放松方式，比如，运动、听歌、玩游戏……对于孩子不同的需求和兴趣，我们要给予理解和接纳，并在可控范围内，尽可能地支持孩子的活动。

父母切忌按照自己的意愿安排孩子的课外活动，否则不但起不到给孩子减压的效果，反而可能让孩子产生抗拒心理，影响学习。

3. 与孩子保持良好的沟通

当孩子的课外活动影响学习时，有些父母会立刻阻止孩子继续参加这些活动，结果引起孩子的反感，学习也因此受到影响。

其实，我们可以和孩子好好聊聊，听听他们的想法，并让孩子知道我们不会阻止他的课外活动和兴趣发展，但也要提醒孩子学业的重要性，然后让孩子自己找到一个平衡点，这样孩子才更积极地去努力调整。

培养孩子的成长型心态

孩子在学习中如果能经常体验到一些成就感，便能不断建立自信心和自豪感，从而降低学习压力，拥有不断挑战自己的动力。

特别害怕失败？敢面对挑战？很少重做错题？上课不敢提问或回答问题？考试特别紧张？面对困难轻易放弃？

如果孩子在成长过程中存在上面所列的任何一个问题，就说明孩子缺乏成长型心态。

成长型心态是由美国斯坦福大学心理学家卡罗尔·德韦克在《终身成长》一书中提出的，指拥有这种心态的人会勇于承担分享，尽自己最大的努力去直面挑战，不断激发自己的潜能；即使遭遇失败和挫折，也只是一种机遇和动力，面对苦难和挑战时刻充满信心，从而在挑战自我的道路上不断前进。

显然，如果孩子在学习过程中拥有这种心态，那么即使遇到困难和压力，他的内在动机也会被激发出来，不会因为这些困难而产生不良情绪，反而觉得挑战充满了吸引力。孩子会充满斗志，在压力中产生强大的动力，从而坚持不懈地对抗逆境。

如何培养孩子的成长型心态？

1. 用期望的语言与孩子沟通

在平时与孩子沟通时，我们不要用负面的语言评价孩子，比如："你就是不行""你就是太不专心"……这只会打击孩子学习的积极性，让孩子产生更大的压力。

相反，如果我们经常用积极的、充满期望的语言与孩子沟通，比如："你真是越来越能干了""你的学习正在一点点进步"……就可以激发孩子以积极心态面对学习。

2. 鼓励孩子坦然承认自身不足

承认自身的不足是拥有成长型心态的必要条件。孩子越是在意并掩盖自身的不足，就越会提心吊胆，生怕自己的不足被人发现。我们要引导孩子坦然承认自己的不足，帮助孩子正视自己的缺点，使孩子的内心变得轻松，才能拥有健康的成长型心态。

3. 让孩子经常感受小小的成就感

我们可以经常为孩子创设一些小的学习目标，并鼓励孩子完成，让孩子感受到小小的成就感。这不仅能唤起孩子的自信心和自豪感，而且能鼓励孩子战胜压力，继续学习，挑战自己，并且逐渐培养孩子的成长型心态。